# A B C

## DU PREMIER AGE

*Illustré de 27 Gravures*

PARIS

PICARD, LIBRAIRE-ÉDITEUR

47, quai des Grands-Augustins

# A B C

## DU PREMIER AGE

*Illustré de 27 Gravures*

PARIS

E. PICARD, LIBRAIRE-ÉDITEUR

47, quai des Grands-Augustins

Paris. — Imprimé chez Jules Bonaventure,
55, quai des Grands-Augustins.

# ALPHABET

## Majuscules

A  B  C

D  E  F

G  H  I

4

J K L

M N O

P Q R

S T U

A    a
*α*                      *a*

V W X
Y Z Æ

B  b

*b* *b*

Alphabet de minuscules

a b c d e f g

h i j k l m n

C  C

c c

o p q r s t u v

w x y z æ œ

D 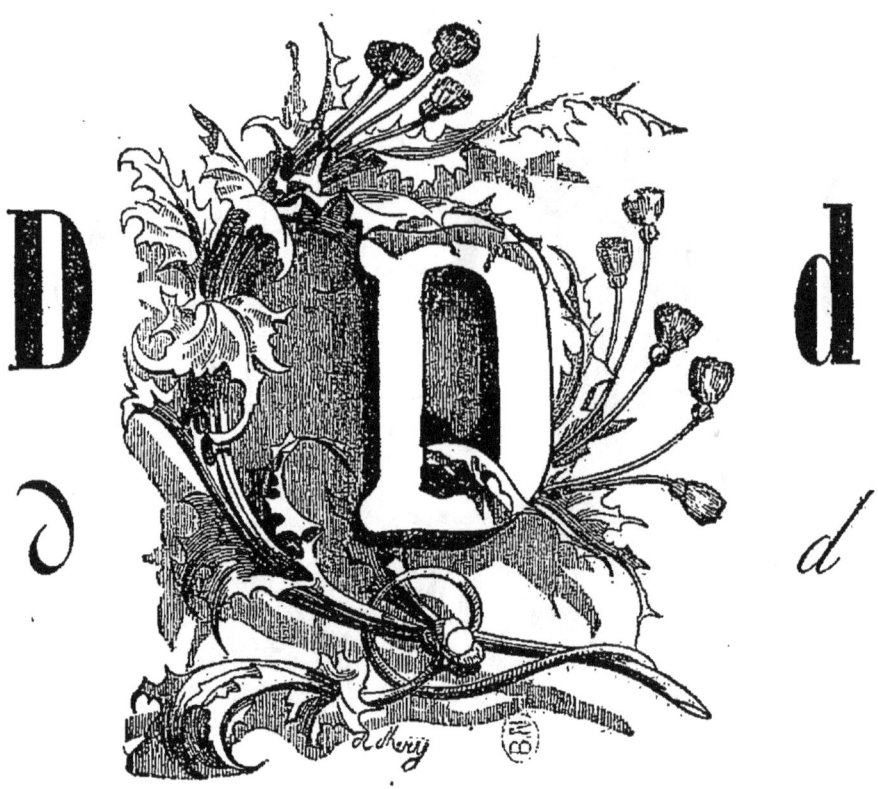 d

d

Majuscules d'écriture

*A B C D E F G H*
*I J K L M N O P Q*
*R S T U V W X Y Z*

E e

*ABCDEFGHIJK
LMNOPQRSTU
VWXYZ*

Minuscules italiques

*a  b  c  d  e  f  g  h  i  j*
*k  l  m  n  o  p  q  r  s  t*
*u  v  w  x  y  z  æ  œ*

Minuscules d'écriture anglaise et ronde.

a b c d e f g h i j k l m

n o p q r s t u v w x y z

abcdefghijklmnopqrstuvxyz

— 12 —

Majuscules d'écriture ronde.

I i
i i

L M N O P
Q R S T U
V W X Y Z

J  J  j  j

Il y a deux espèces de lettres : les voyelles et les consonnes.

## VOYELLES

# a e i ou y o u

Elles sont ainsi nommées parce que chaque lettre forme un son.

K  k
k k

**CONSONNES**

Elles ne peuvent former un son qu'en s'appuyant sur une voyelle.

# b c d f g h j k l m n
# p q r s t v w x y z

## SYLLABES

Elles sont composées d'une ou plusieurs lettres qui se prononcent en un seul son.

| ba | be | bi | bo | bu | by |
| ca | ce | ci | co | cu | cy |
| da | de | di | do | du | dy |

M  m

*m*     *m*

| fa | fe | fi | fo | fu | fy |
| ga | ge | gi | go | gu | gy |
| ha | he | hi | ho | hu | hy |
| ja | je | ji | jo | ju | jy |
| ka | ke | ki | ko | ku | ky |

| la | le | li | lo | lu | ly |
| ma | me | mi | mo | mu | my |
| na | ne | ni | no | nu | ny |
| pa | pe | pi | po | pu | py |
| qua | que | qui | quo | quu | quy |

— 19 —

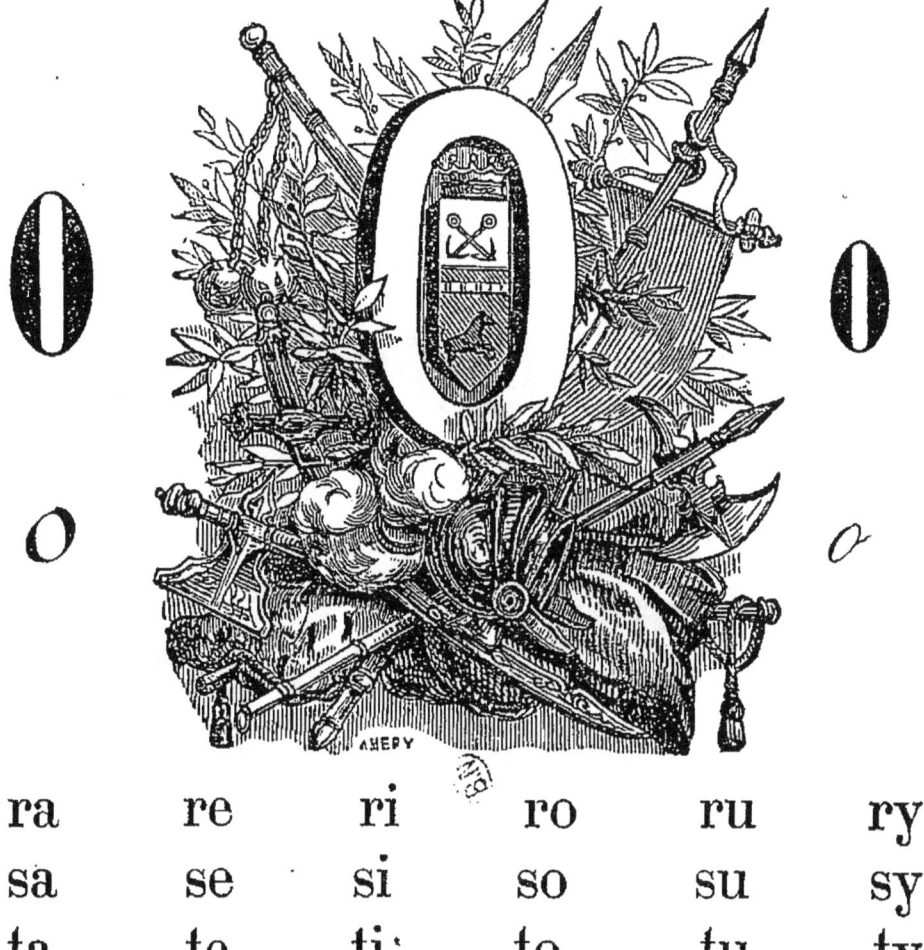

| ra | re | ri | ro | ru | ry |
| sa | se | si | so | su | sy |
| ta | te | ti | to | tu | ty |
| va | ve | vi | vo | vu | vy |
| xa | xe | xi | xo | xu | xy |
| za | ze | zi | zo | zu | zy |

Les mots sont composés de syllabes.

**MOTS D'UNE SYLLABE**

an, ou, et, il, tu, le,
air, oui, non, par, mon,
dans, plomb, points.

**MOTS DE DEUX SYLLABES**

pa-pa, ma-man, â-ge, trou-ver, cou-rir, sau-ter, cha-leur, bon-heur, man-ger, dor-mir, fi-nir.

**POLYSYLLABES**

(Mots de plusieurs syllabes)

Ha-bi-tant, ro-cher, ca-ma-ra-de, en-tre, nu-mé-ra-tion, a-mi-don, a-bon-ne-ment, rai-son-na-ble.

Les phrases sont composées de mots.

J'ai-me beau-coup mes bons pa-rents. Je se-rai o-bé-is-sant.

Les en-fants ai-ment à jou-er.

T t

T t

**ACCENTS**

Grave (`); aigu (´); circonflexe (^)

a à â  e é è ê  i î  o ô  u ù û

pâte, père, vérité, élève.

U u  U u

SIGNES

l' apostrophe — ç cédile
ë tréma — ( ) parenthèse
, virgule — ; point et virgule
. point — : deux points — ? point
interrogatif — ! point exclamatif.

**Il y a deux genres:**
*Le masculin et le féminin*

---

Les êtres mâles sont du genre masculin.
Les êtres femelles sont du genre féminin.
L'usage règle le genre des êtres inanimés.

X  X

x x

**Il y a deux nombres:**
*Le singulier et le pluriel*

---

Le singulier s'emploie pour désigner un être, un objet; le pluriel quand il y a plusieurs êtres ou plusieurs objets.

Les Jours de la semaine :

Lundi, Mardi, Mercredi, Jeudi, Vendredi, Samedi, Dimanche.

Les Saisons :

Le Printemps, l'Été, l'Automne, l'Hiver.

Les mois de l'année :

Janvier, Février, Mars,
Avril, Mai, Juin,
Juillet, Août, Septembre,
Octobre, Novembre, Décembre.

# CHIFFRES

### ARABES

1. 2. 3. 4. 5. 6. 7. 8. 9. 0.

10. 20. 30. 40. 50. 60. 70. 80. 90.

100. 500. 1000.

### ROMAINS

I. II. III. IV. V. VI. VII.

VIII. IX. X.

XX. XXX. XL. L. LX. LXX.

LXXX. XC. C. D. M.

## Exemples d'Écriture.

*111111111111*

*llllllllllllll*

*uuuuuuuuuu*

*nnnnmmmmm*

*ooooo eeeee*

*aaaaaa sssss*

*1 2 3 4 5 6 7 8 9 0*

www.ingramcontent.com/pod-product-compliance
Lightning Source LLC
Chambersburg PA
CBHW060646050426
42451CB00010B/1220